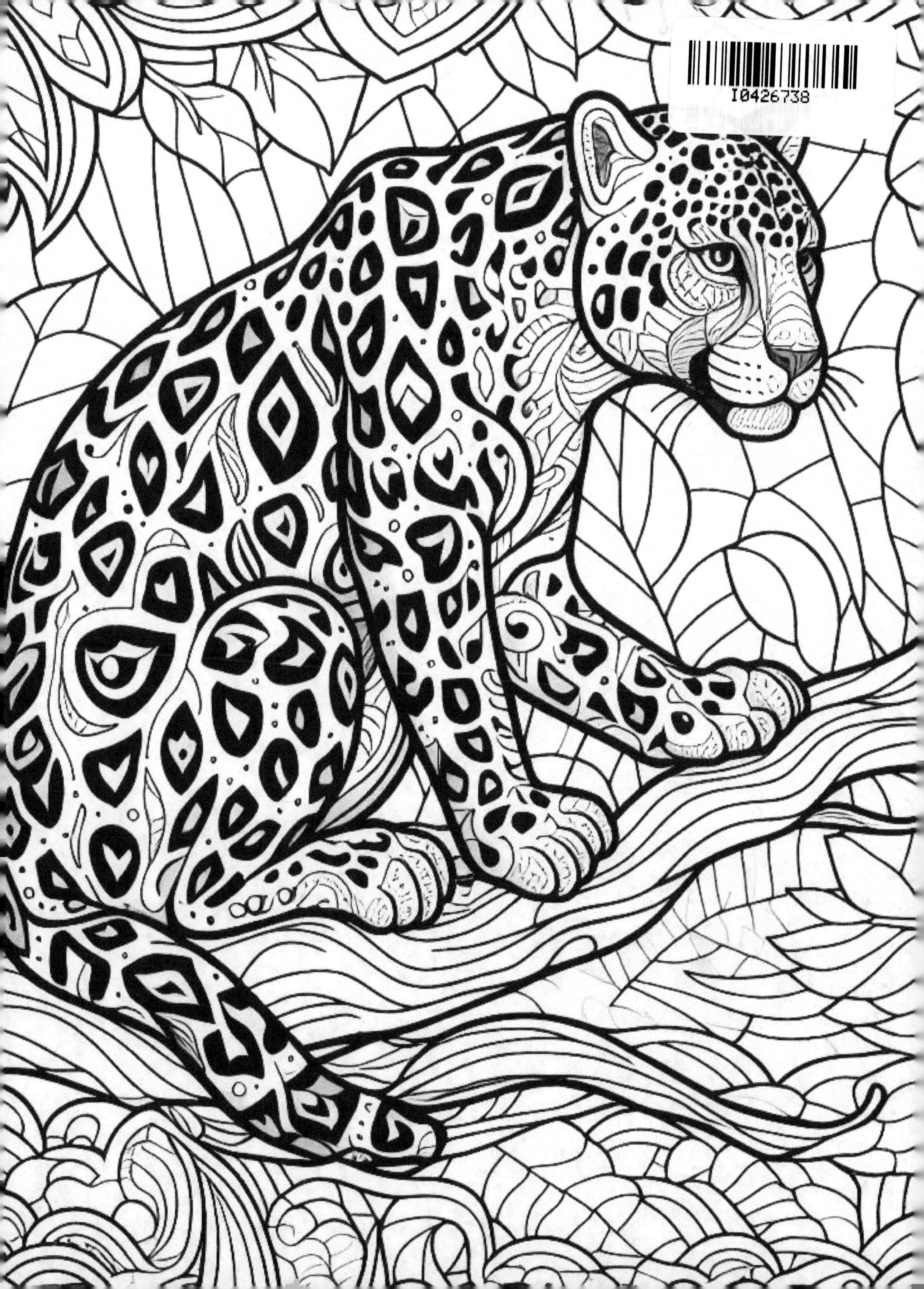

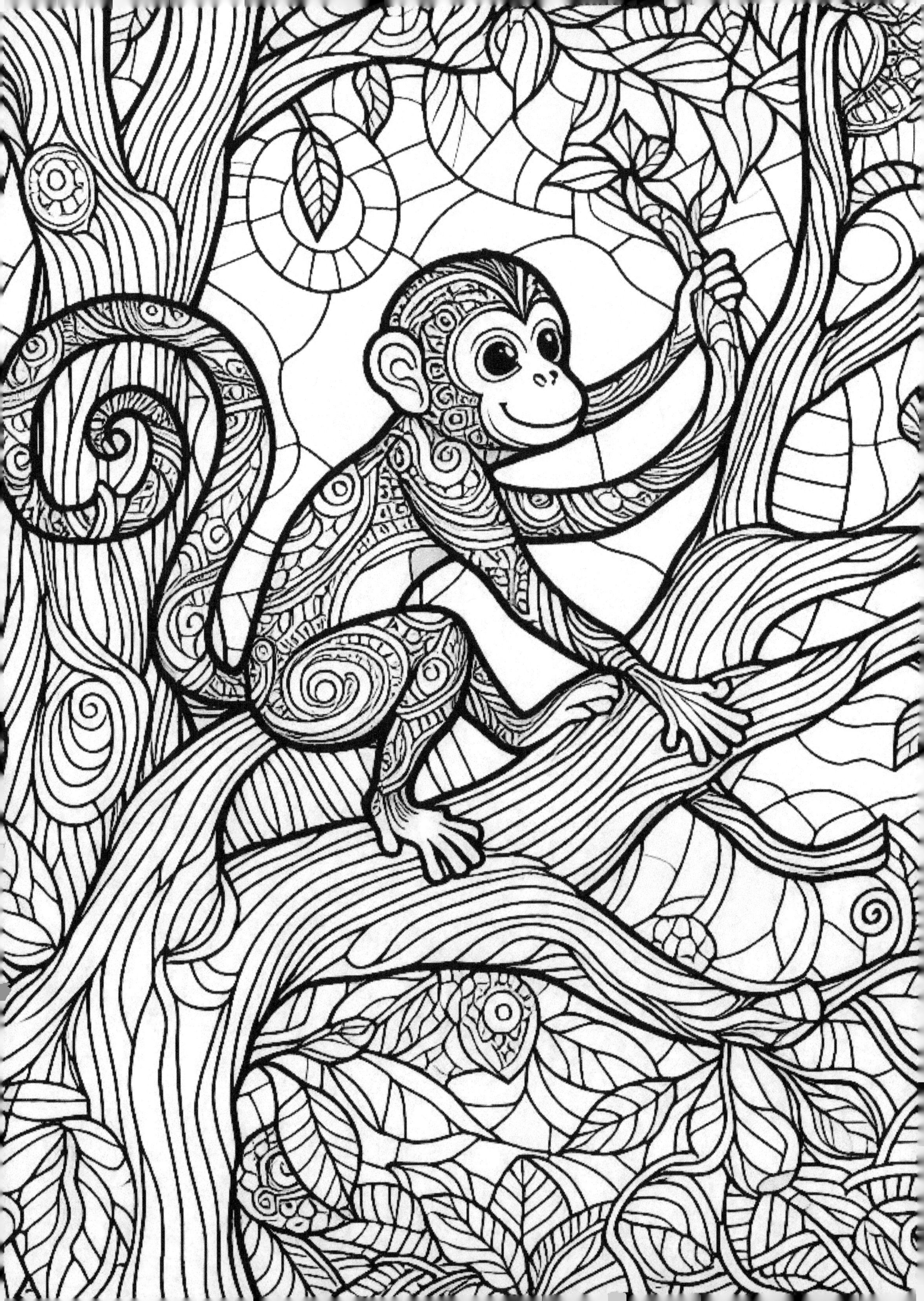

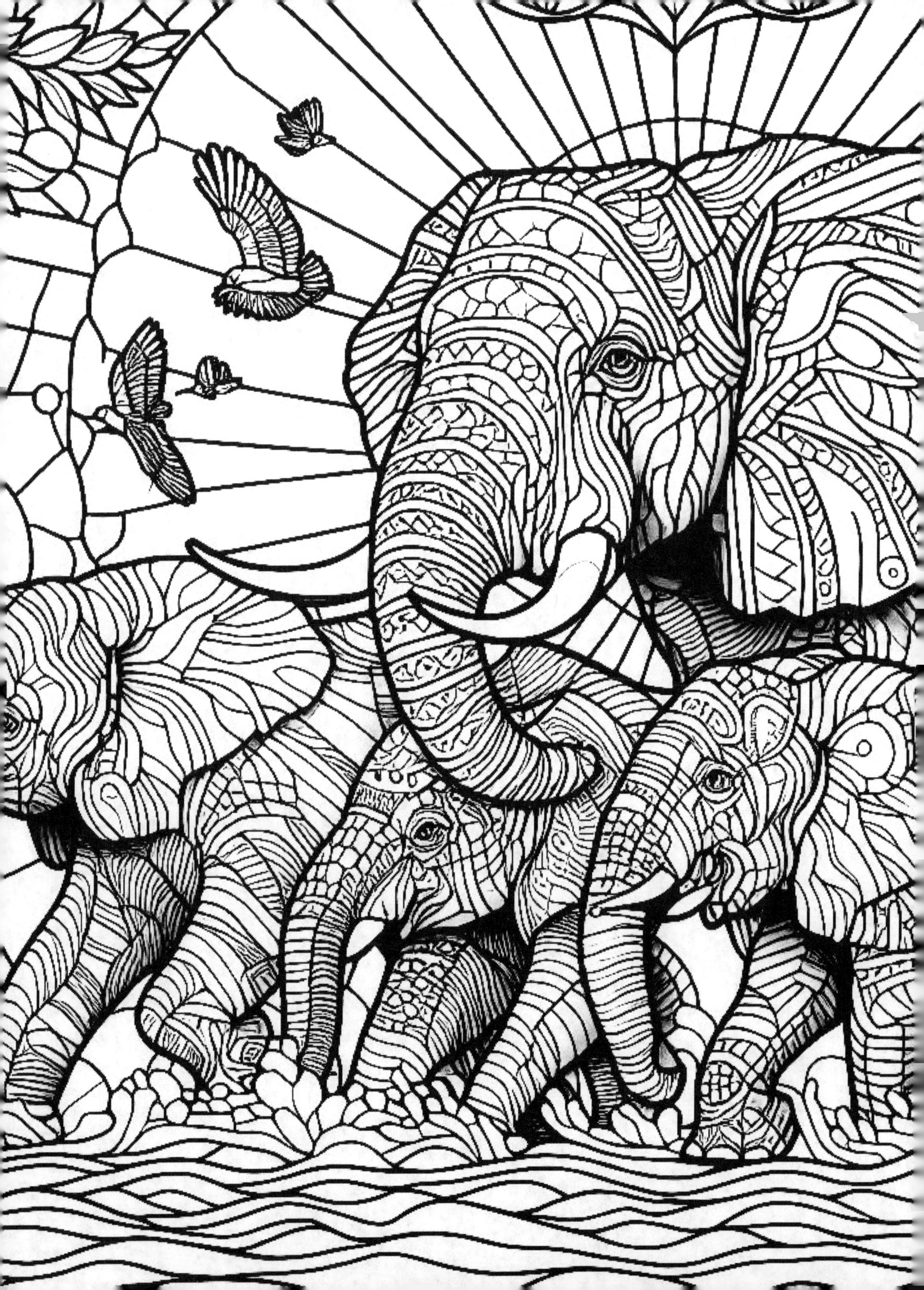

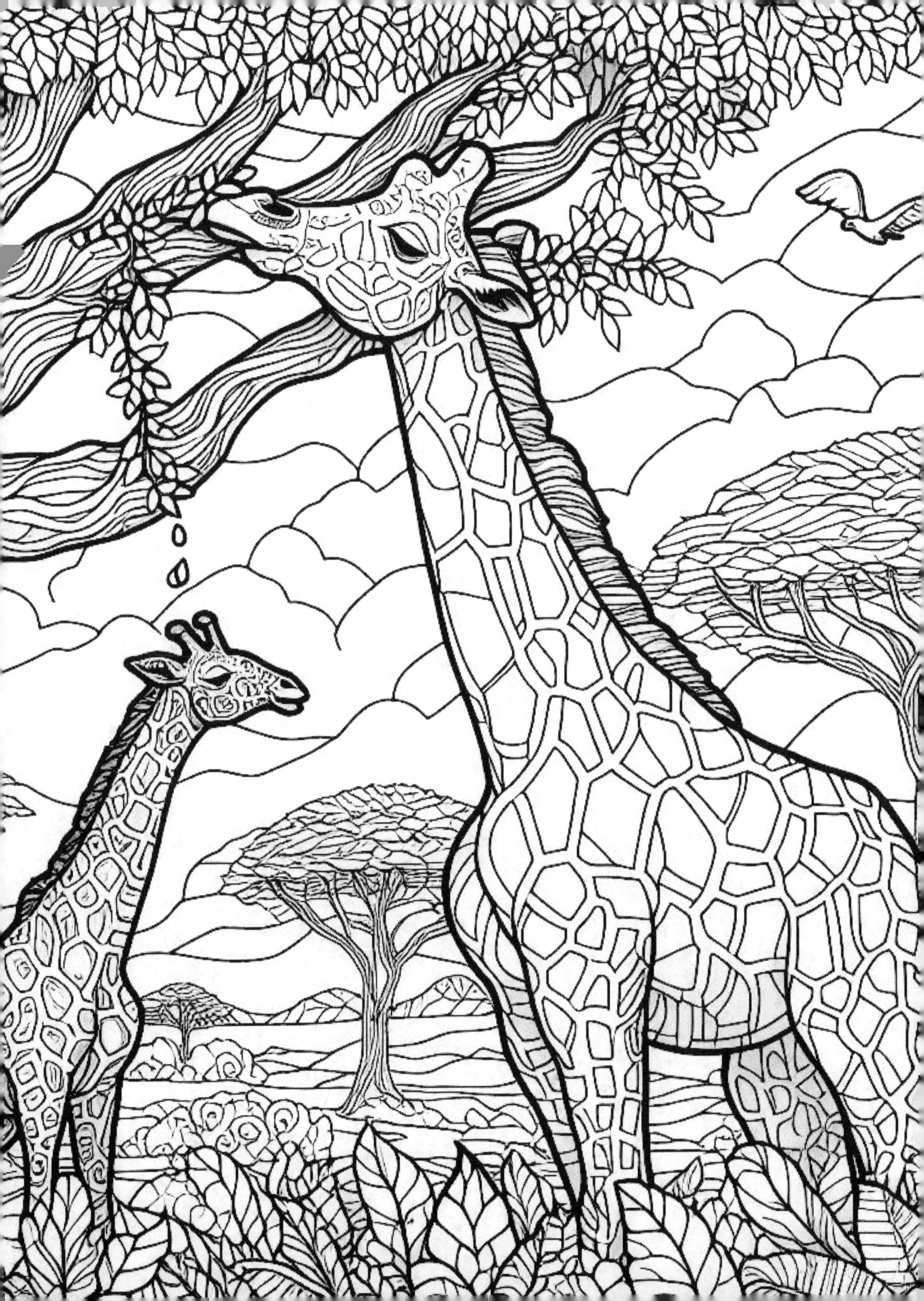

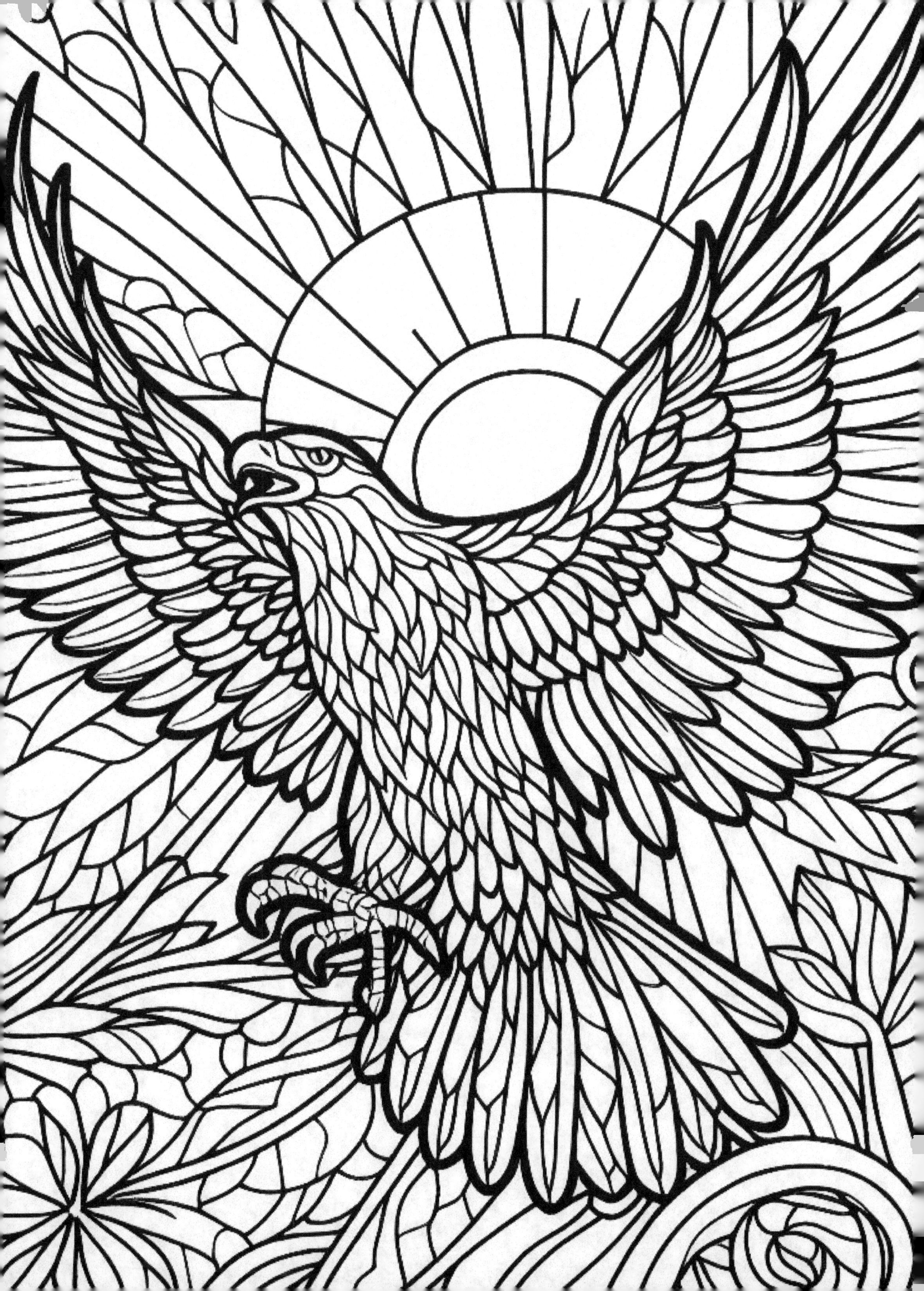

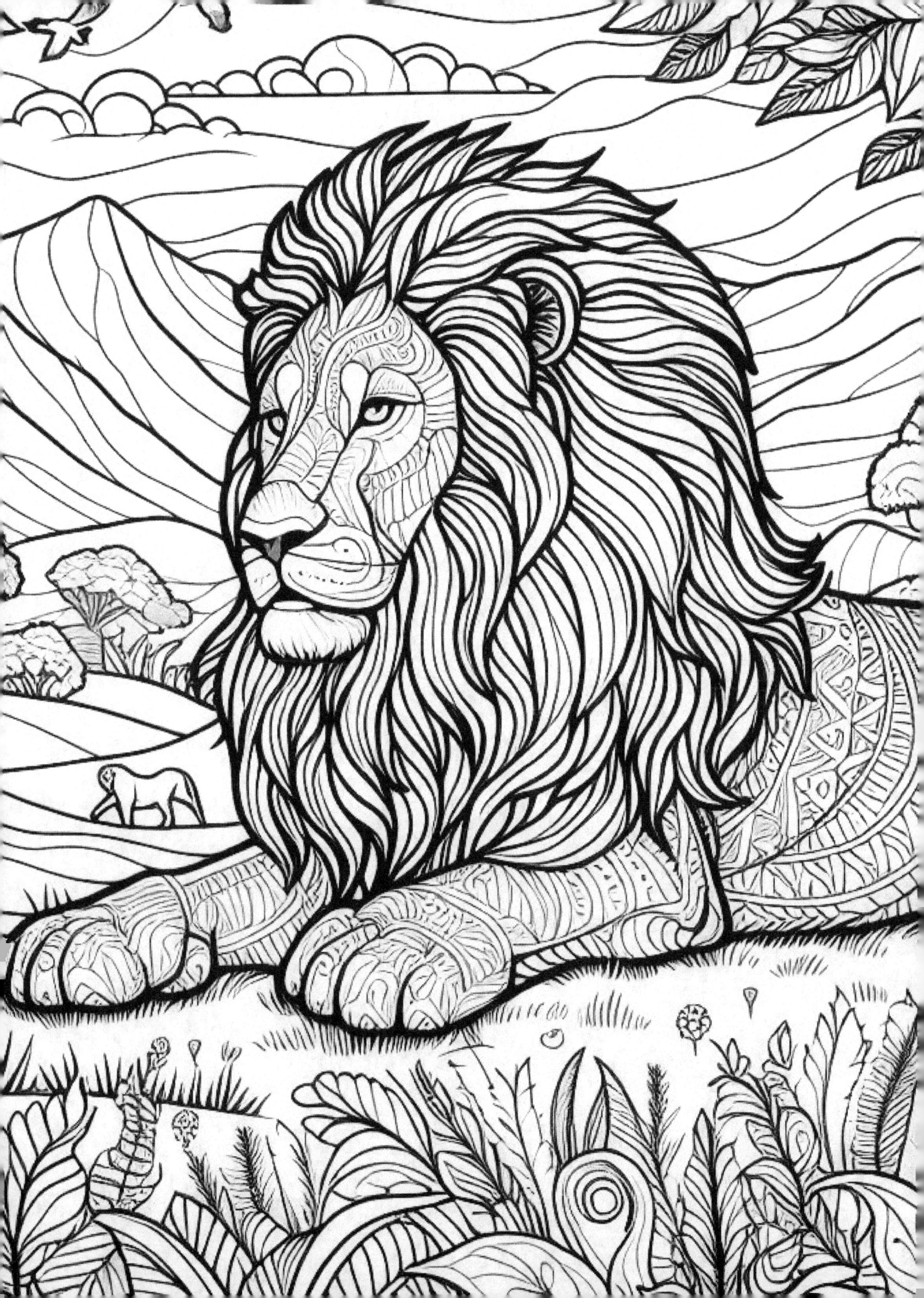

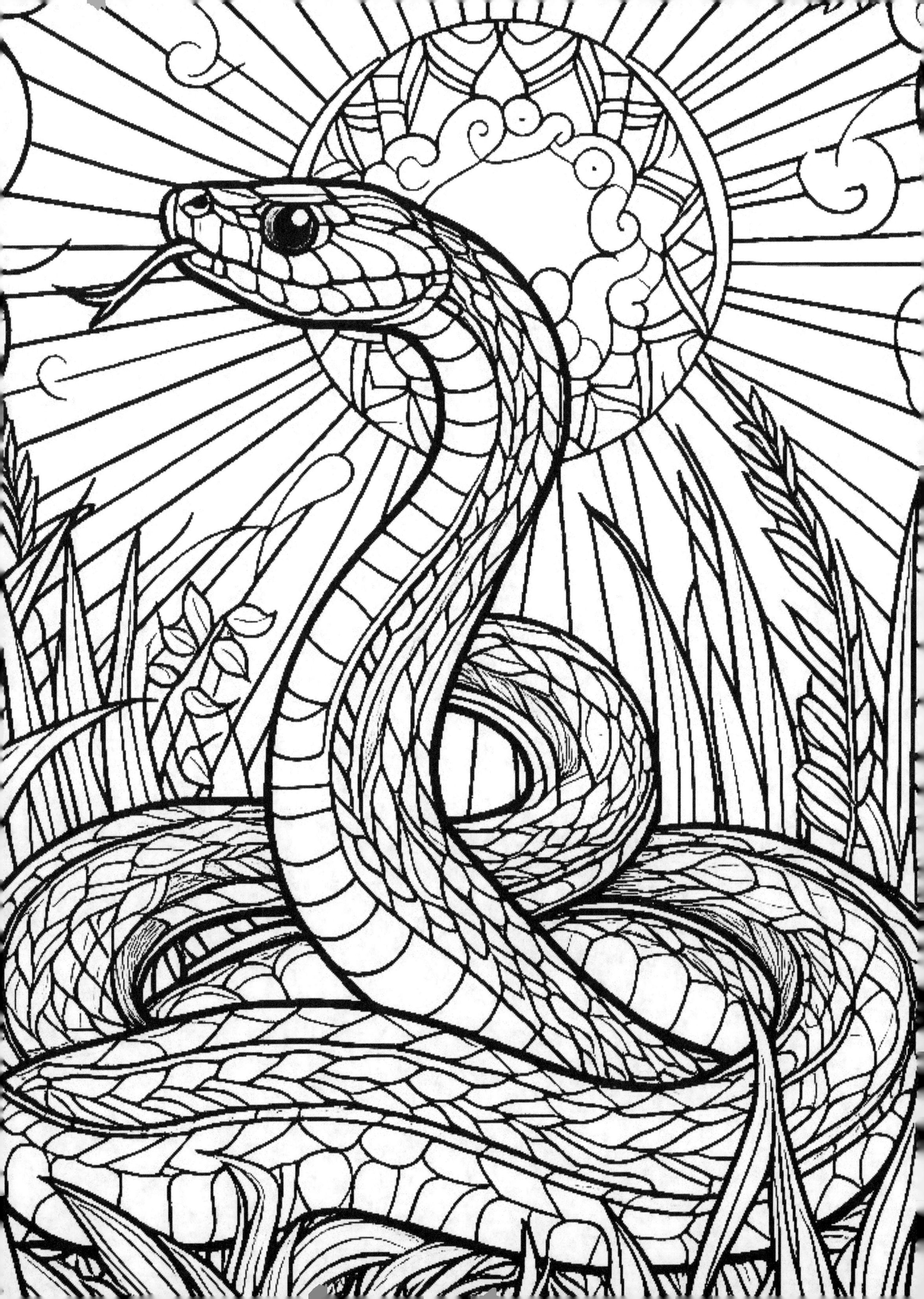

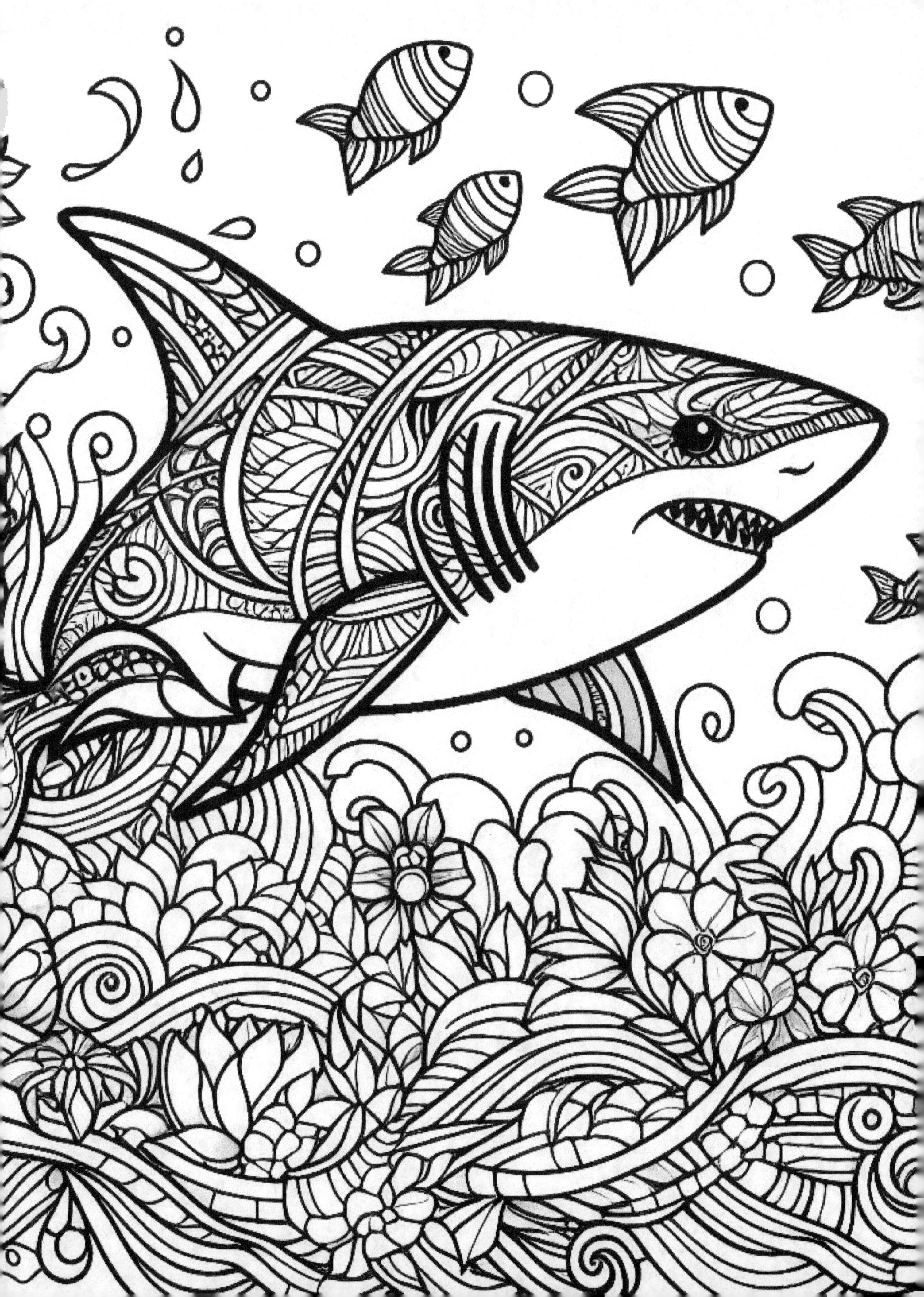

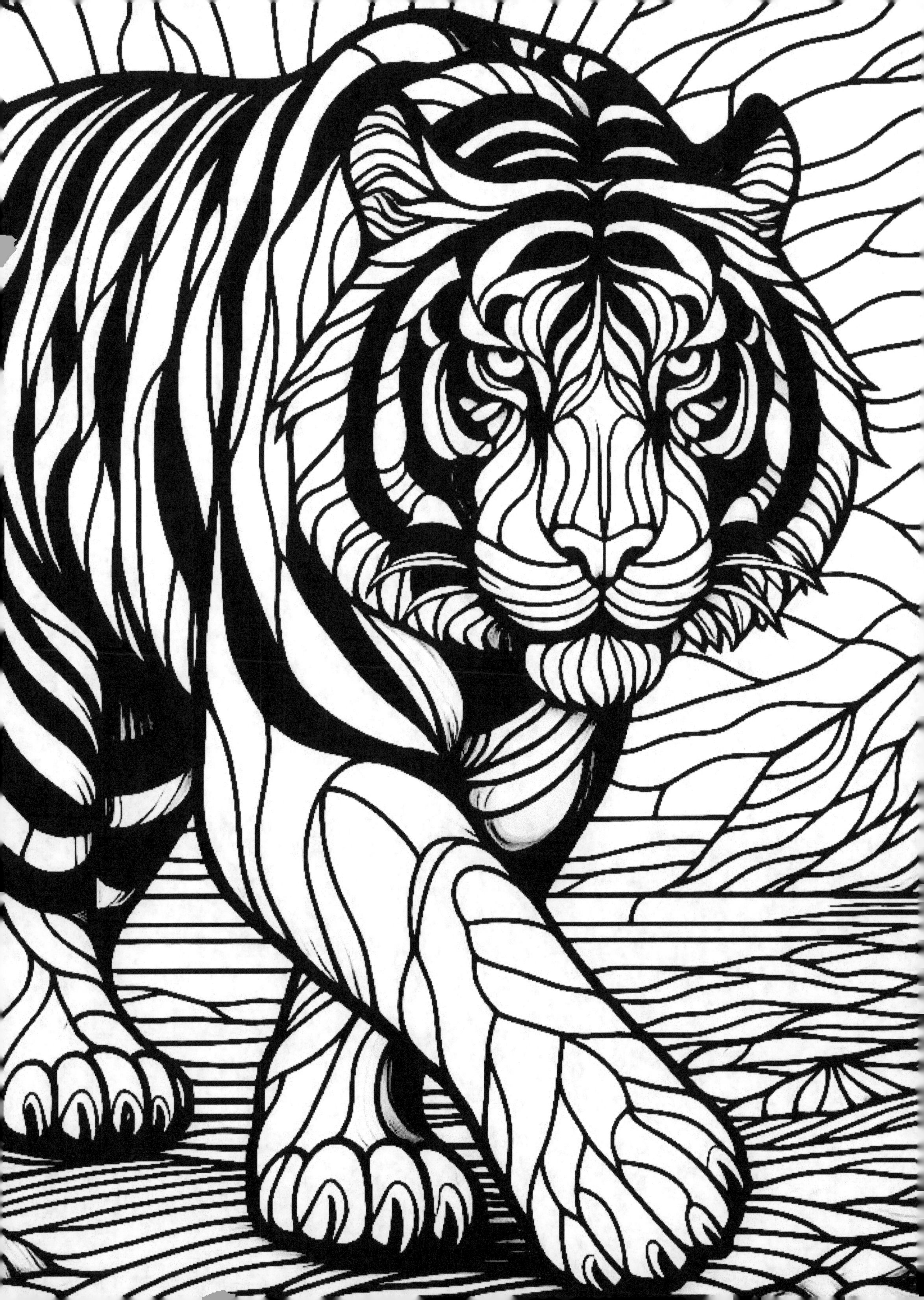

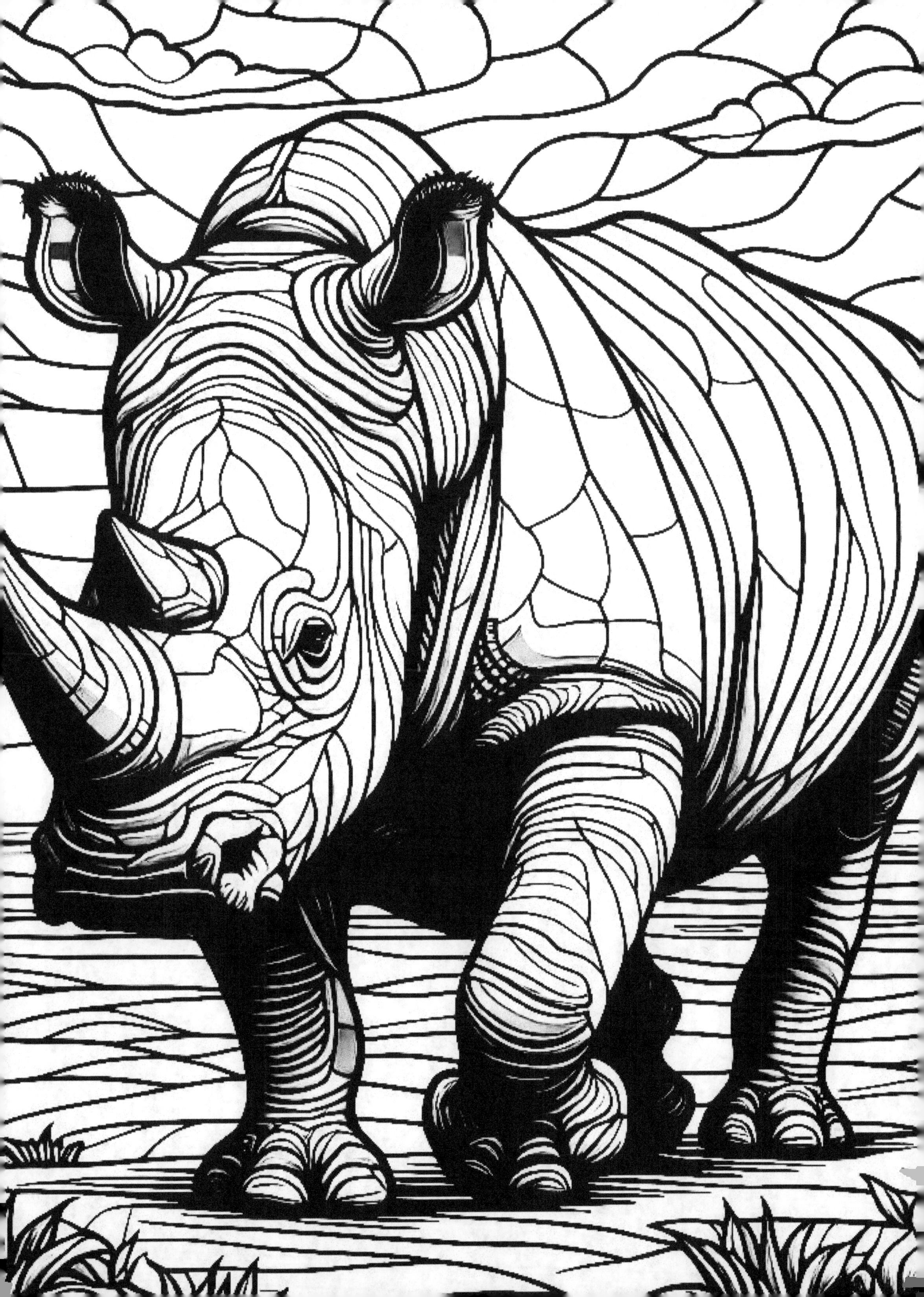

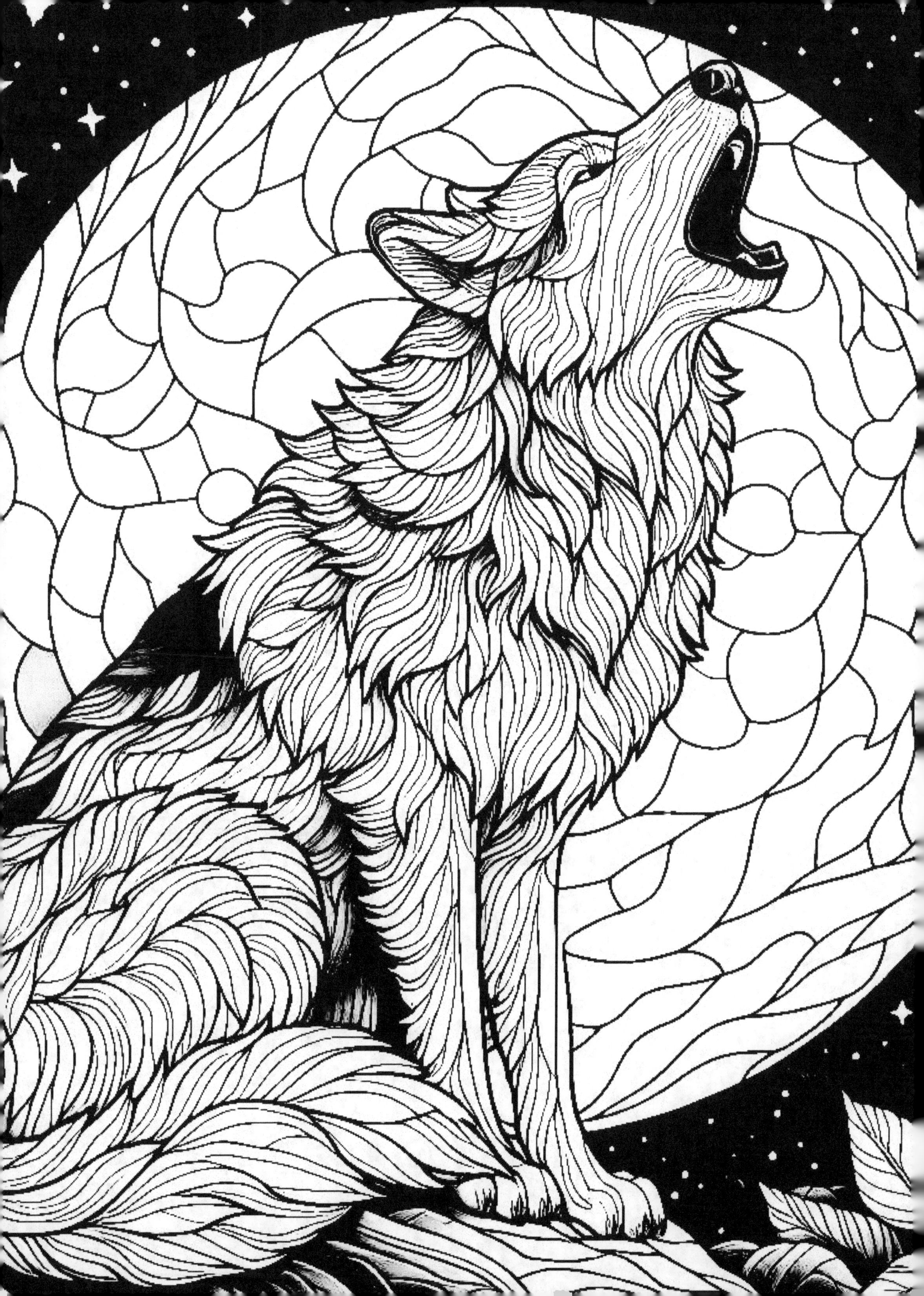

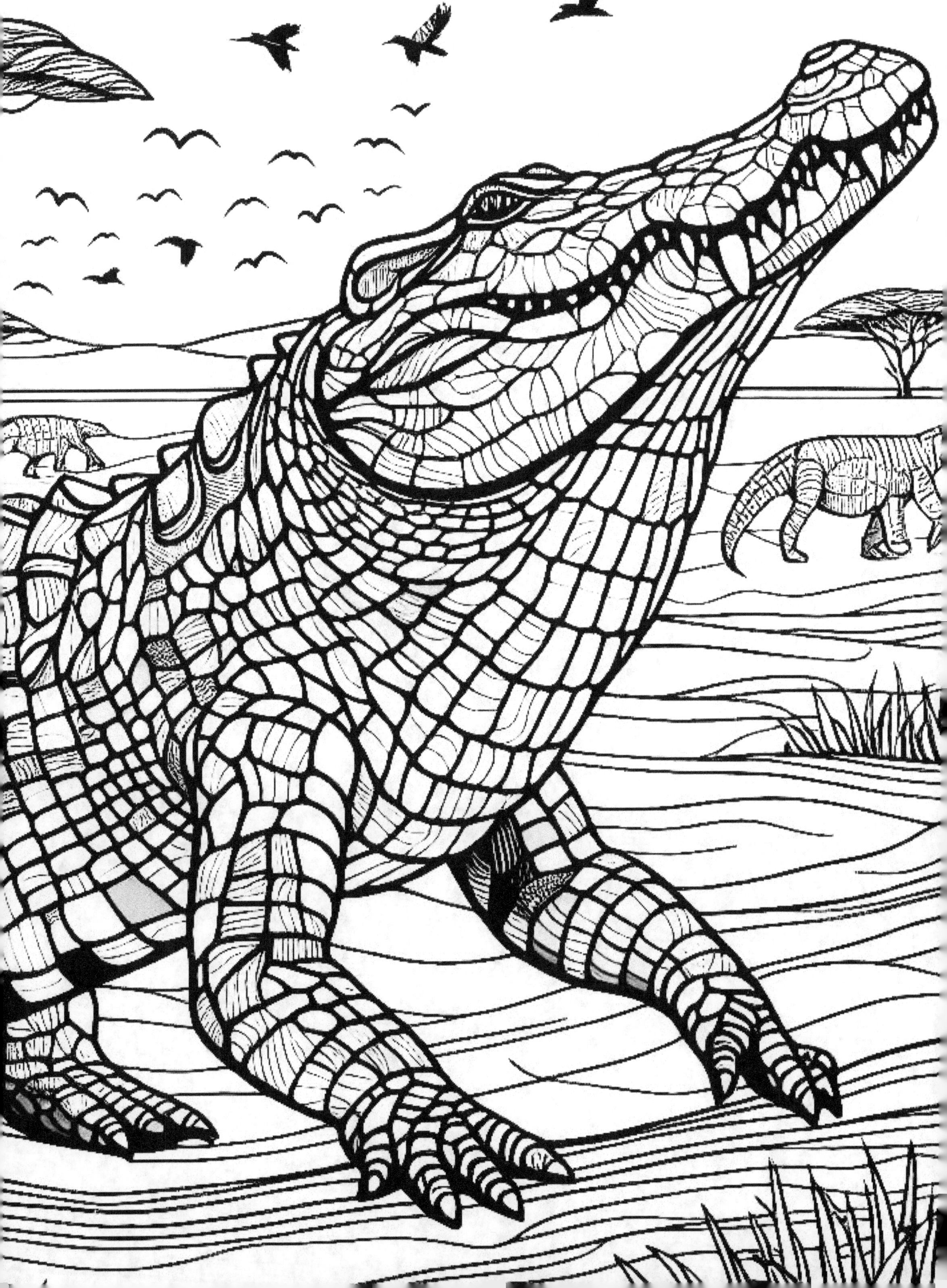

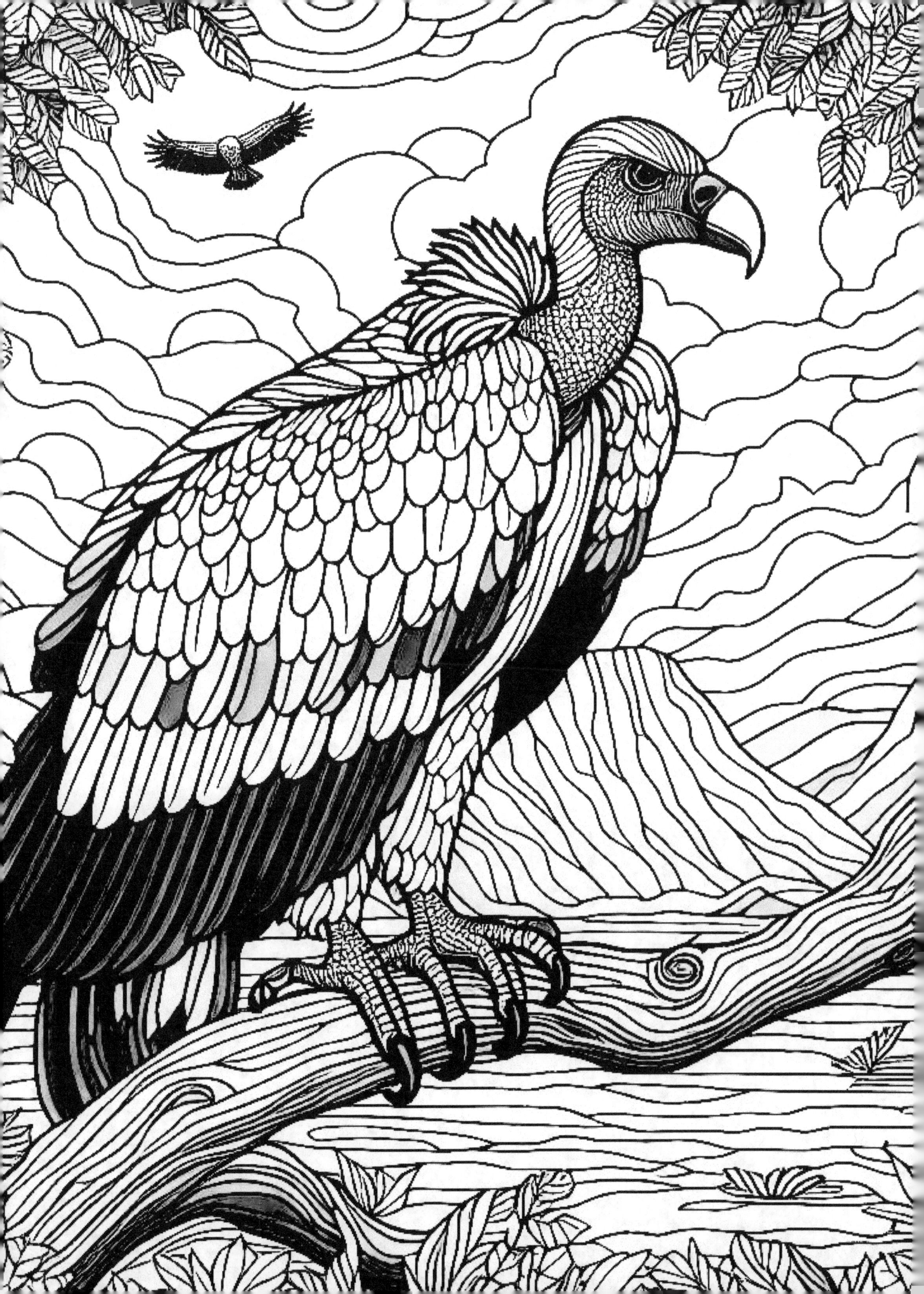

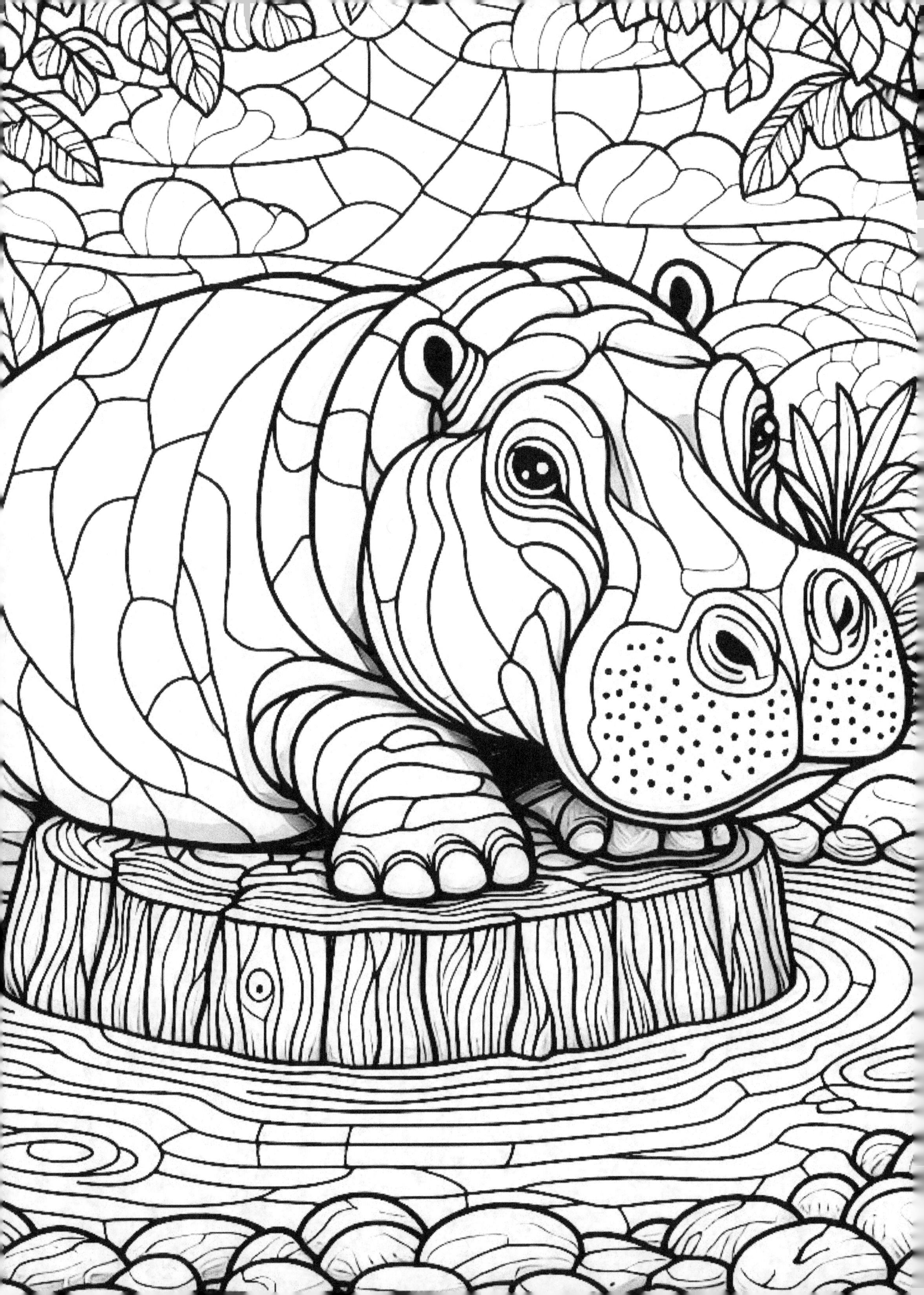

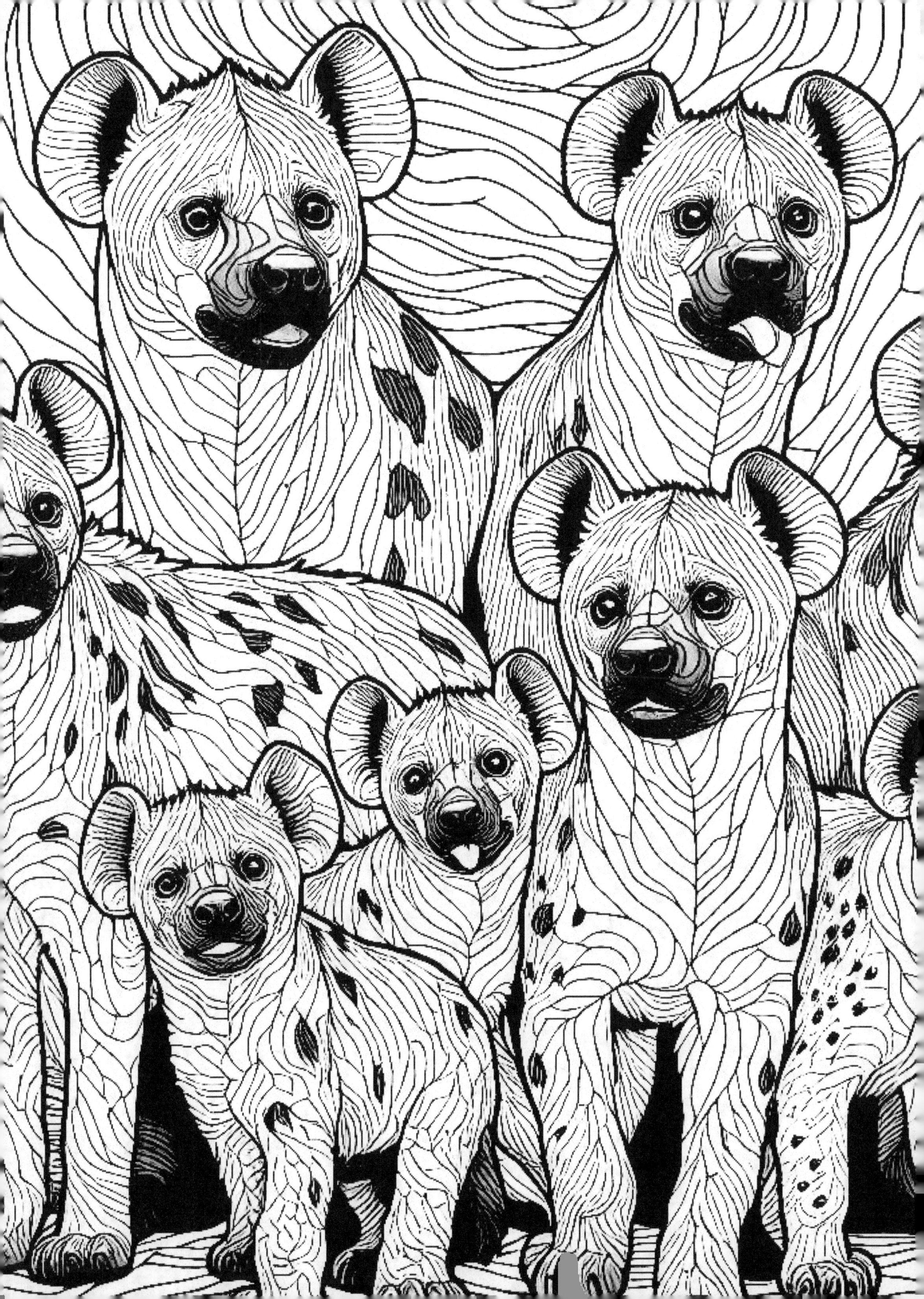

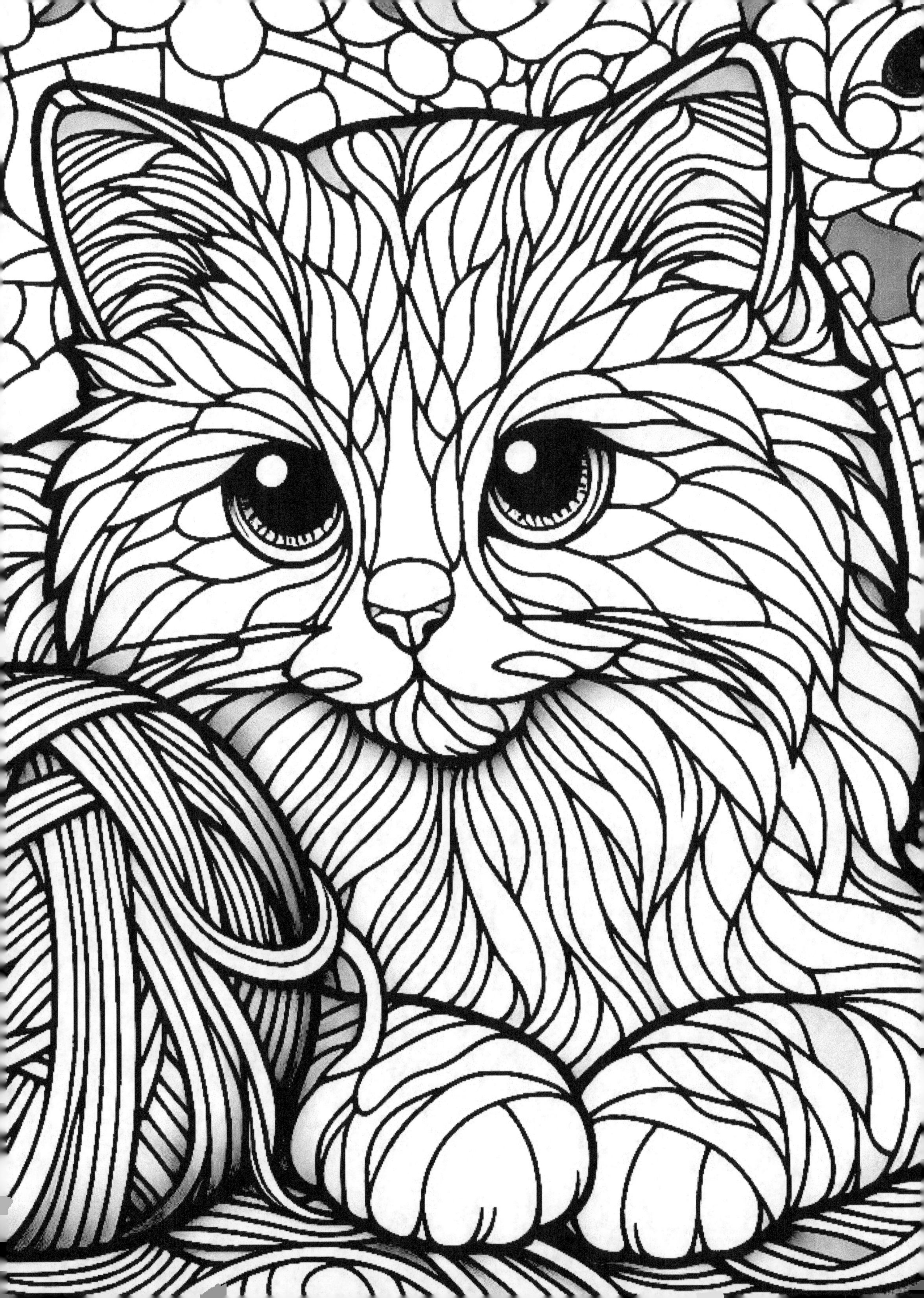

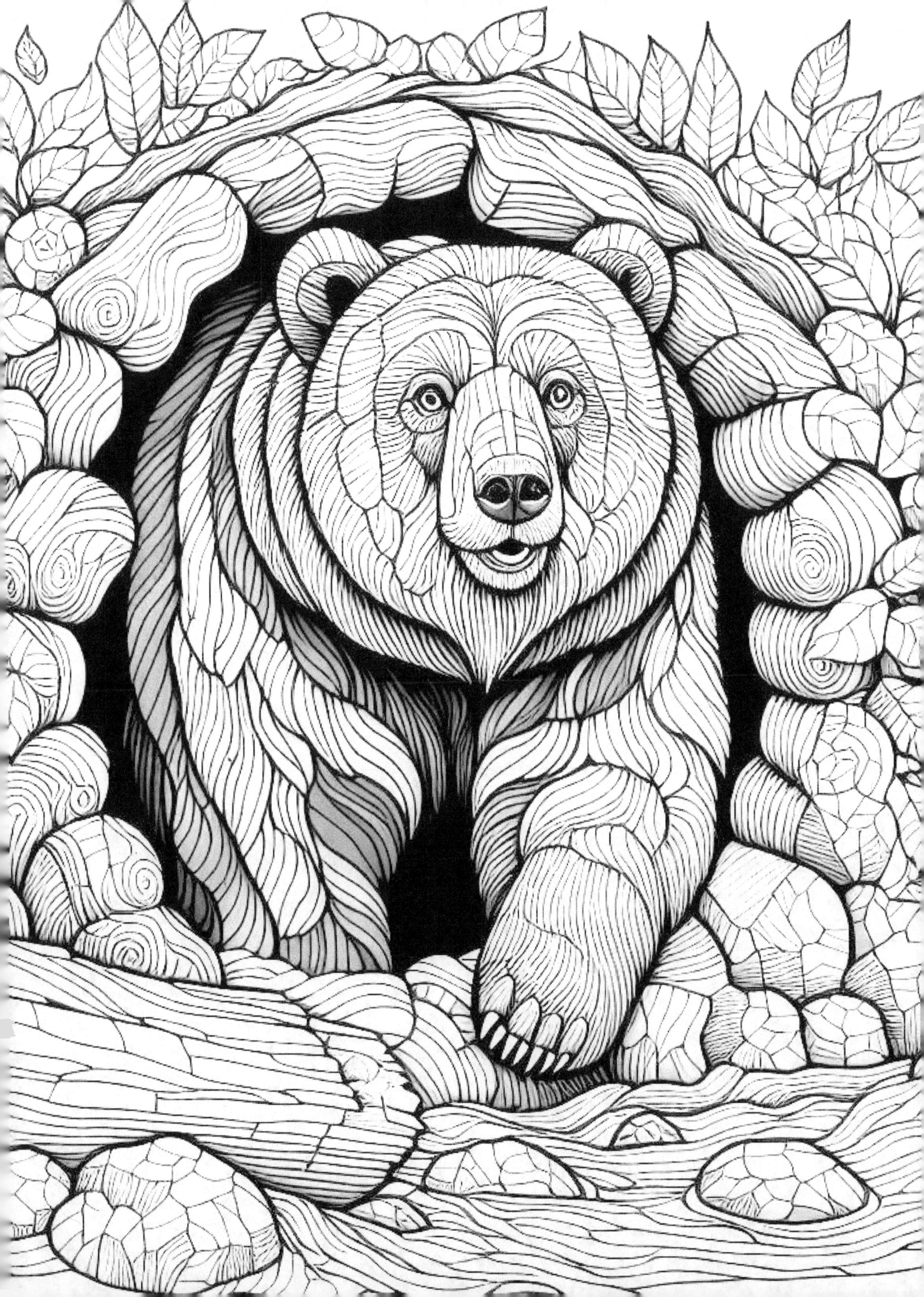

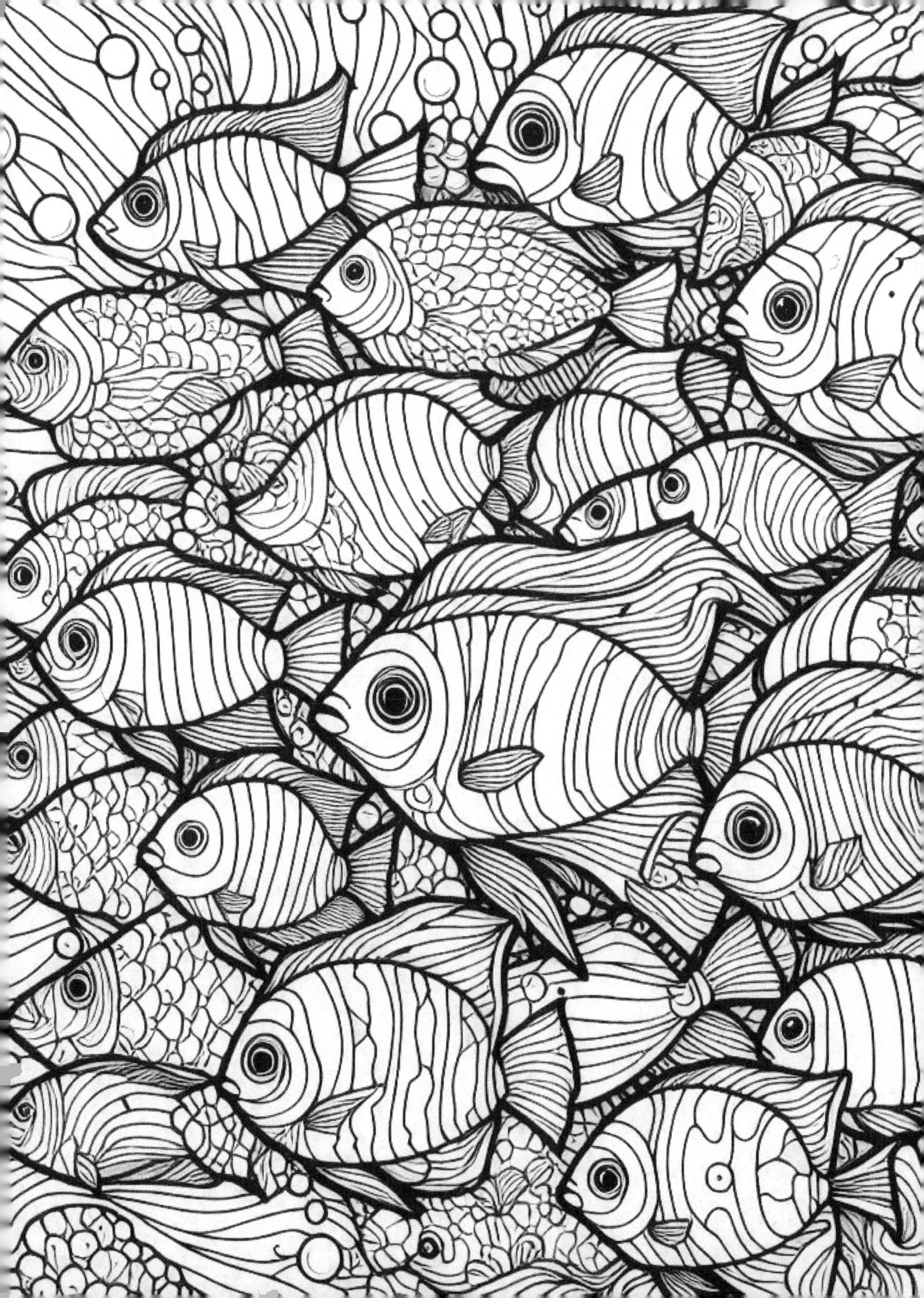

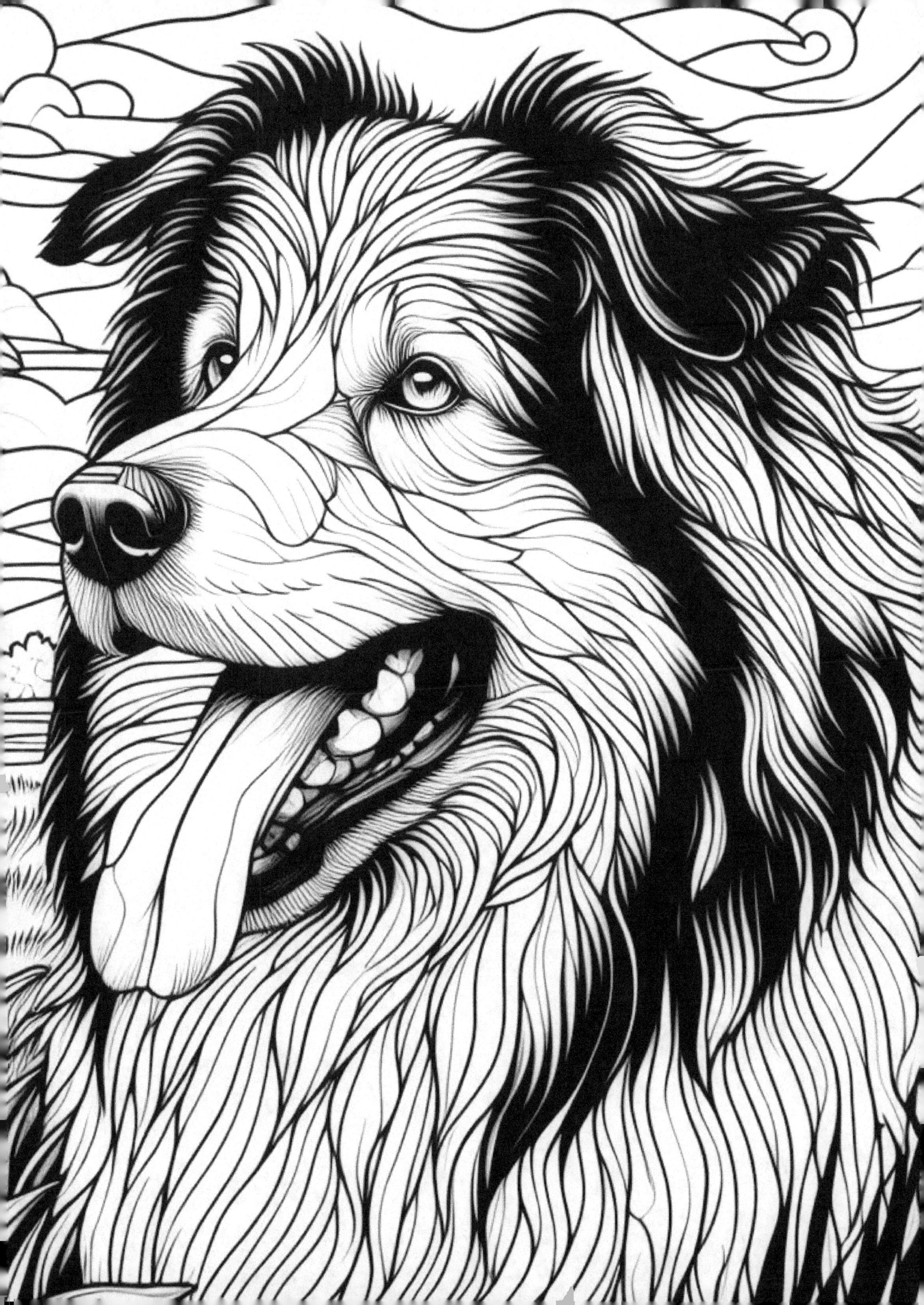

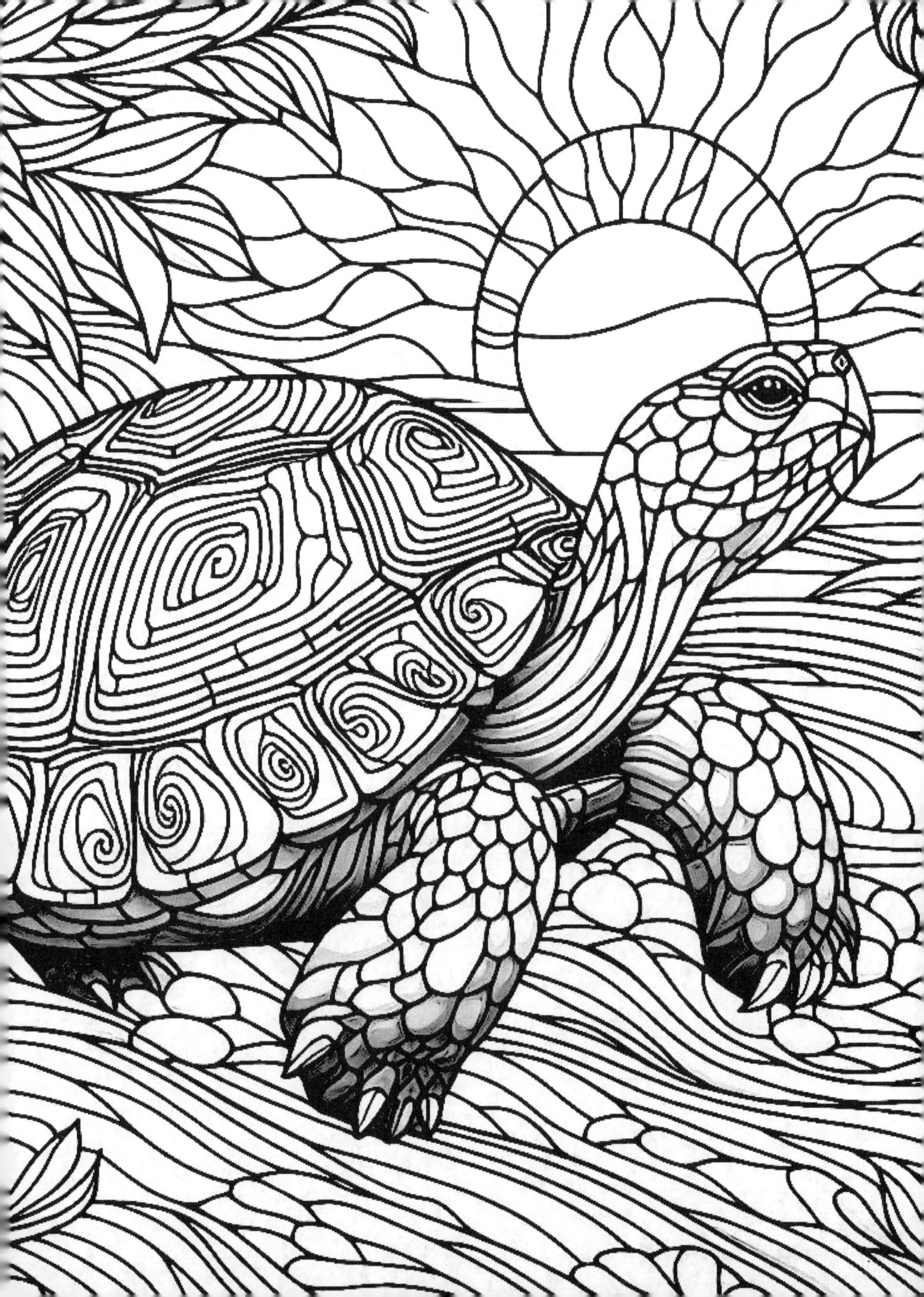

www.ingramcontent.com/pod-product-compliance
Lightning Source LLC
Chambersburg PA
CBHW081004290526
45795CB00009B/3074
* 9 7 9 8 8 8 0 3 3 0 6 1 4 *